lonely planet Junior
T0047787
¿ESTÁS LISTO PARA VIVIR UNA GRAN AVENTURA?
OCEANO Travesía

Gracias a Hayley Warnham, Dr. Kim Bryan, Jennifer Dixon

LA SELVA

Título original: Let's Explore...Jungle

Ilustrado por Pippa Curnick
Diseñado por Andy Mansfield

Traducido del original Let's explore...Jungle, primera edición: febrero de 2016, Lonely Planet Global Limited

Traducción: Ix-Nic Iruegas Peón

D.R. ©Editorial Océano, S.L.
Milanesat 21-23, Edificio Océano, 08017 Barcelona, España
www.oceano.com

D.R. ©Editorial Océano de México, S.A. de C.V.
Eugenio Sue 55, Polanco Chapultepec, Miguel Hidalgo, 11560, Ciudad de México
www.oceano.mx
www.oceanotravesia.mx

Primera edición: 2018

ISBN: 978-607-527-408-9

IMPRESO EN MALASIA / *PRINTED IN MALAYSIA*

Oficinas de Lonely Planet

AUSTRALIA
The Malt Store, Level 3, 551 Swanston St, Carlton, Victoria 3053 T: 03 8379 8000

IRLANDA
Unit E, Digital Court, The Digital Hub, Rainsford St, Dublin 8

ESTADOS UNIDOS
124 Linden St, Oakland, CA 94607
T: 510 250 6400

REINO UNIDO
240 Blackfriars Rd, Londres SE1 8NW
T: 020 3771 5100

CONTACTO
lonelyplanet.com/contact

El papel utilizado para la impresión de este libro cumple con los estándares del Forest Stewardship Council®. FSC® promueve en todo el mundo una gestión de los bosques responsable con el medio ambiente, socialmente beneficiosa y económicamente viable.

lonely planet Junior

VAMOS A EXPLORAR

LA SELVA

Pippa Curnick

OCEANO Travesía

¿Estás listo para vivir una gran aventura? Dos exploradores, Marco y Amelia, se internarán en la selva y ¡te han invitado a ir con ellos!

Los mejores exploradores siempre están listos para cualquier cosa. Mira la lista que aparece abajo y agrega calcomanías a la siguiente página para preparar tu partida. Tacha los elementos de la lista una vez que los hayas pegado en la otra hoja.

MARCO
AMELIA

Este mapa muestra dónde se encuentran las selvas del mundo. Cada una de estas zonas selváticas contiene algunos de los ejemplares de fauna más maravillosos.

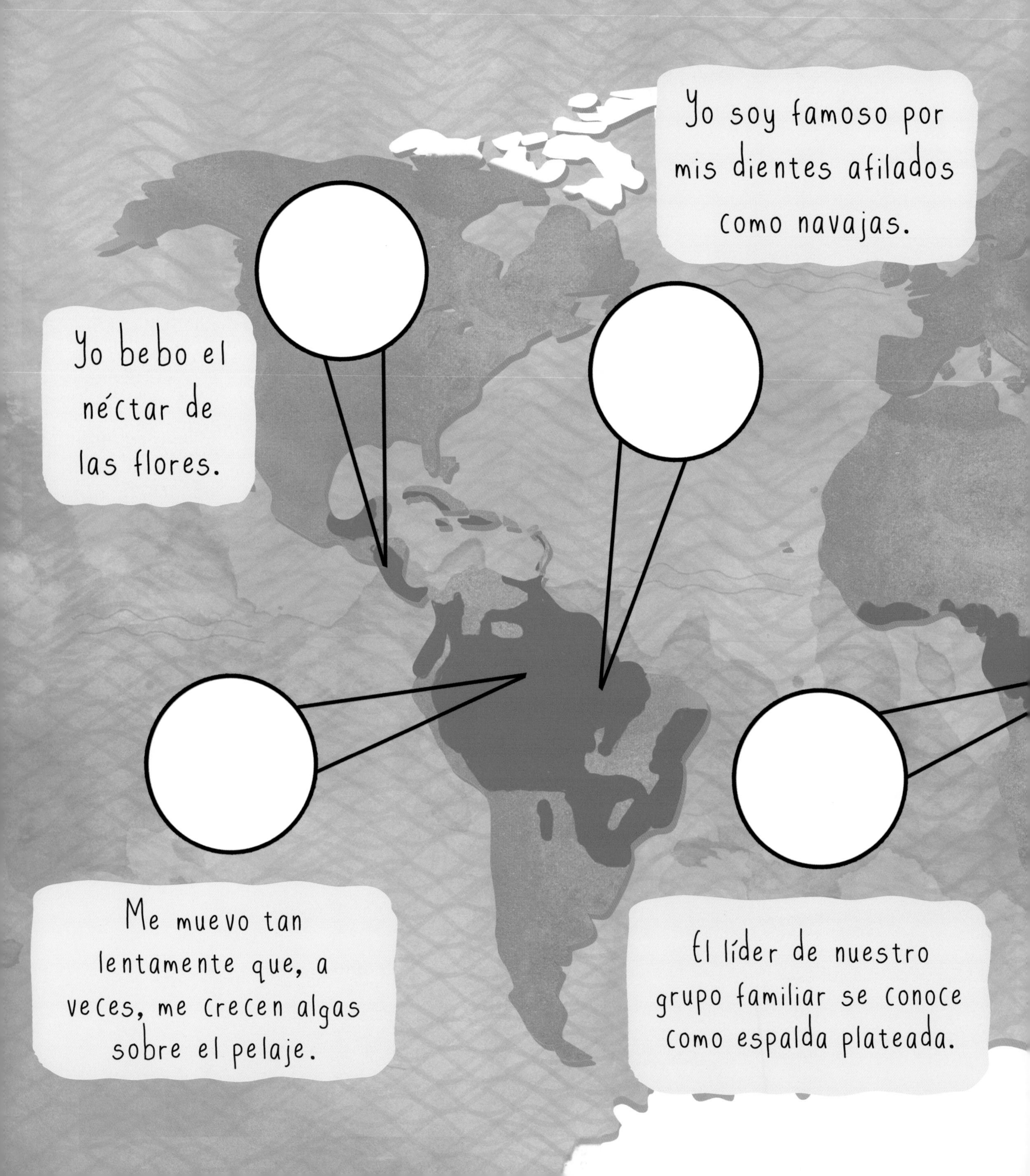

Yo soy famoso por mis dientes afilados como navajas.

Yo bebo el néctar de las flores.

Me muevo tan lentamente que, a veces, me crecen algas sobre el pelaje.

El líder de nuestro grupo familiar se conoce como espalda plateada.

Pega las calcomanías que están al final del libro y haz que cada criatura coincida con su hábitat. Puedes usar las siguientes pistas para saber qué calcomanías usar.

Yo me quedo junto a mi madre hasta que tengo siete años y nos balanceamos juntos entre los árboles.

Mi rugido se escucha a kilómetros de distancia.

Yo muevo mi larga y peluda cola como si fuera una bandera.

No puedo volar y pongo huevos de color verde brillante.

La isla de Madagascar está repleta de plantas, animales y aves impresionantes y 70 por ciento de las especies que viven aquí no se encuentran en ningún otro lugar del mundo. ¡Guau! Observa esta selva de Madagascar y busca los ejemplares que aparecen en la lista.

¿Puedes encontrar...?

3 lémures de cola anillada

2 camaleones

1 pequeño y picudo tenrec

1 orquídea morada

1 rana tomate

Marco y Amelia han llegado a Ruanda en busca de los gorilas de la montaña. Encontraron este grupo, que se conoce como manada, en un claro en lo alto del Parque Nacional de los Volcanes. Usa tus calcomanías para agregar más gorilas a esta manada.

La selva está llena de grandes y gruesas enredaderas que crecen entre los árboles y se enroscan alrededor de los troncos. ¡Pero algunas de estas enredaderas son más vivaces que otras! ¿Eres capaz de detectar cuáles de estas enredaderas son en realidad serpientes disfrazadas?

Hoy Marco y Amelia están casi en la copa de los árboles. A esta gran cubierta de hojas se le llama dosel arbóreo y es el lugar donde más animales hay en toda la selva. Aquí arriba encontrarás monos curiosos, hermosas aves, mariposas y muchas cosas más. Usa tus calcomanías para llenar el dosel arbóreo de criaturas.

Nuestros exploradores han detectado un tucán en lo alto de un árbol. A Marco le parece muy gracioso con sus plumas negras y su enorme pico de colores. Así es como se dibuja un tucán.

Amelia ha comenzado
a dibujar un tucán.
¿Puedes ayudarla
a terminarlo?

La selva es el hogar de cientos de especies de mariposas, desde aquellas que son muy buenas para camuflarse hasta las que les gusta presumir los colores de sus hermosas alas. ¿Puedes hacer pares de mariposas iguales?

Marco y Amelia están viajando por el imponente río Amazonas. Aquí hay todo tipo de animales, aves y peces, incluyendo a la resbaladiza anaconda verde que es la víbora más grande del mundo. Usa tus calcomanías para completar esta escena.

A las guacamayas de la selva amazónica les encanta lamer el barro salado de estos acantilados. Al hacerlo añaden nutrientes importantes a su dieta.

¿Puedes detectar ocho diferencias entre estos dos dibujos de guacamayas?

Marco quiere cruzar este río con Amelia, una bolsa de golosinas para el campamento y un changuito que se ha hecho su amigo. En el barco sólo caben Marco y algo más, así que tendrá que hacer varios viajes. No puede dejar a Amelia sola con el chango porque le tiene un poco de miedo. ¡No puede dejar al mono con las golosinas porque se las comería! ¿Cómo puede llevarlo todo al otro lado del río?

Estos pequeños colibríes aletean unas 70 veces por segundo mientras vuelan de flor en flor en busca de néctar. Usa tus plumones para iluminar a estos pajaritos de colores muy brillantes.

LEC_UC__A
TR_P_C_L

T_P_R

R_NA VERD_ DE
OJ_S R_J_S

Por la noche, la selva cobra vida con el croar, el ulular y las carreras de las criaturas nocturnas que se despiertan a esa hora. Amelia y Marco están dando una caminata nocturna. ¿Puedes llenar los espacios en blanco para averiguar los nombres de las criaturas que se ven en el dibujo?

Los tigres de bengala se encuentran en las selvas de Asia. Son depredadores feroces y animales muy poco comunes. Los expertos consideran que no quedan más de 2 000 en todo el mundo. Usa tus plumones y las claves que aparecen abajo para colorear cada número con el color que le corresponde y hacer que el dibujo cobre vida.

CLAVES
1. Verde oscuro
2. Rosa
3. Café
4. Negro
5. Anaranjado
6. Amarillo
7. Morado
8. Verde claro

En la selva del sureste asiático hay insectos enormes y nocivos de todas formas y tamaños, desde enormes tarántulas azules hasta sanguijuelas chupasangre y milpiés con cientos de patas. Agrega otras criaturas rastreras usando tus calcomanías.

Las diminutas termitas son constructoras asombrosas. Los enormes montículos que hacen con tierra contienen complejas redes de túneles y recámaras. ¿Puedes ayudar a la pequeña termita roja a llegar de la cima al fondo del montículo, en donde la esperan unas deliciosas hojas?

El dulce aroma de esta planta jarro atrae a los insectos. Éstos resbalan por los costados y se ahogan en un charco que hay al fondo, antes de convertirse en ¡sopa de insecto!
Esta planta llamada maraca se usa para tratar quemaduras.
Algunas orquídeas gigantes llegan a pesar más de una tonelada y ¡pueden tener más de 10 000 flores!
Esta *Rafflesia* o flor cadáver es una flor enorme, pero lo que la hace famosa es su olor a carne podrida. ¡Guácala!

Las selvas del mundo contienen algunas plantas realmente impresionantes. Usa plumas y plumones para diseñar tú mismo algunas plantas y flores fantásticas, fragrantes o aterradoras.

Las hermosas flores de hibisco también se conocen como "flor del zapato" porque pueden usarse como betún para zapatos.

La selva está llena de cosas hermosas e impresionantes, pero también puede ser un lugar peligroso. Intenta unir cada una de estas mortales criaturas con el dato que le corresponde.

A.

1. Muerdo a mi presa y bebo su sangre.

B.

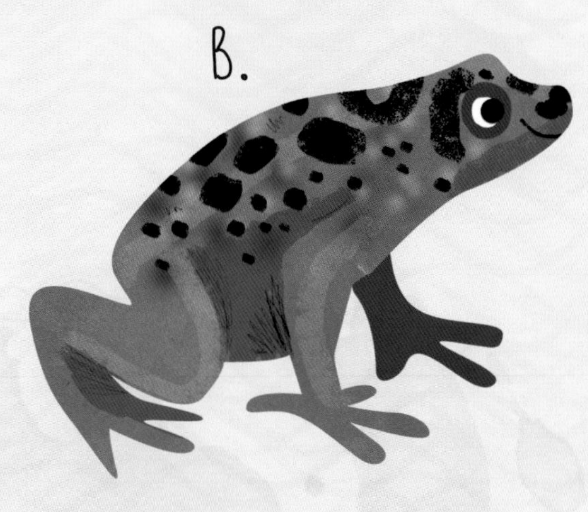

2. Uso mis garras para arrancar monos y loros de los árboles.

C.

3. Puede que sea pequeño pero ¡con mi veneno puedo matar a diez hombres!

4. Mi picadura es una de las más dolorosas del mundo.

5. Vivo en los ríos y aturdo a mis presas con descargas eléctricas.

6. Cazo solo y me gusta comer monos, ciervos y peces. Mi mandíbula es tan poderosa que puedo romper huesos.

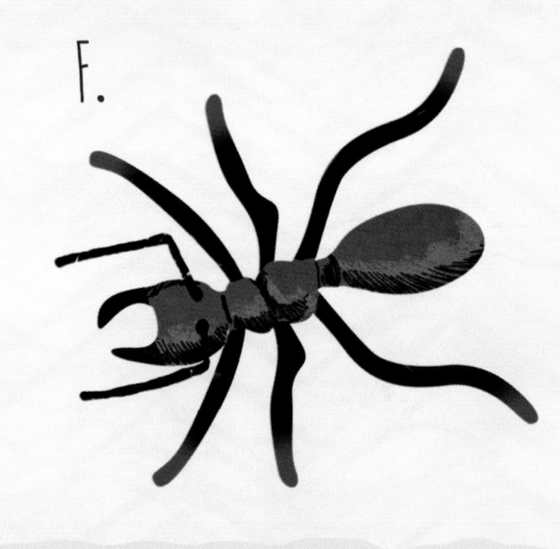

7. Normalmente como peces, pero si tengo mucha hambre quizá te muerda a ti.

8. Mi quijada se abre mucho y por eso puedo tragar mi comida entera sin importar lo grande que sea.

Estos simios rojizos se llaman orangutanes y viven en las selvas de Borneo y Sumatra. Se columpian de árbol en árbol y construyen nidos para dormir en ellos. Agrega más impresionantes orangutanes a esta escena usando tus calcomanías.

La selva Daintree de Australia es la más antigua del mundo. Los casuarios, que son aves muy grandes, caminan entre los árboles en busca de frutas tropicales que han caído al suelo. Usa tus calcomanías para agregar casuarios y frutas que se puedan comer.

La selva puede parecerte un lugar muy lejano, pero es muy importante para la vida que llevas en casa. Asómate a la bolsa de Amelia para ver cuántas cosas de uso diario provienen de las selvas del mundo. ¿Puedes colorearlas?

¿Qué te parece tomar una taza de té? Las hojas de té crecen en todas las zonas tropicales del mundo.

El chocolate proviene de las semillas del árbol del cacao.

Existe una planta de la selva que se usa para que la pasta de dientes haga espuma y burbujas en tu boca.

CHOCOLATE
90% SÓLIDOS DE CACAO

20 BOLSAS DE TÉ

PASTA DE DIENTES

CHAMPÚ

Los granos de pimienta son los frutos de una planta de la selva.

Algunas frutas y plantas como la nuez de Brasil y la fruta de la pasión se usan en muchos champús.

Esta criatura de la selva es famosa por moverse muy lentamente. Se cuelga de las ramas de los árboles y pasa la mayor parte del día dormida. Une los puntos para averiguar de quién se trata.

Es hora de acampar para pasar la noche. Estar cómodo en una hamaca no es fácil, pero dormir ahí te protegerá de algunas de las criaturas rastreras de la selva. Usa tus calcomanías para terminar el campamento de Marco y Amelia.

¿Estás listo para la gran entrega de los Premios de la Selva? Estas criaturas no son ni las más grandes ni las más rápidas, pero tienen habilidades que vale la pena celebrar. Veamos quiénes son los ganadores...

La rana de cristal tiene la barriga transparente y por eso es difícil de detectar entre las hojas.

La lagartija toloque puede correr sobre dos patas y sus largos dedos le ayudan a correr sobre el agua sin hundirse. ¡Guau!

La musaraña acorazada, que vive en África, tiene la columna vertebral tan dura que un humano se puede parar sobre ella sin romperla.

El ave del paraíso no se cohíbe a la hora de impresionar a las hembras. Se cuelga de cabeza y sacude sus plumas de color azul eléctrico.

El tímido aye-aye tiene dedos muy largos que usa para buscar en los troncos de los árboles y sacar larvas para comer.

Las hormigas podadoras trabajan en equipo para llevar hojas a su colonia. Con ellas cultivan hongos, que son lo que comen.

¿Puedes encontrar estos animales de tu aventura en la selva en la sopa de letras?
GUACAMAYA
PEREZOSO
TUCÁN
PIRAÑA
ORANGUTÁN
LÉMUR
ANACONDA
A U Z L E E N A C A M A W A
O D H P I N A Ñ A R I P R E
M R J T F M T X O N A C O I
A O V O S N U Q M T Y S U F
S Y M T T J L E M U R A E C
A I A A U T H O S L W X F O
D N W M C E O S O Z E R E P
N A H E A A U W T I C K X C
O C T P N C F S P R U R T C
C E O R A G A C S A Q C H X
A L X O N A R U Y R O C G I
N P I R A B V W G O P Y S N
A E N A T U G N A R O T X T
C F L N C G V U H P K E T H

Marco y Amelia vivieron una aventura increíble en su viaje a la selva, pero ya es hora de partir y explorar otros lugares. ¿Los acompañarás en su próxima aventura?

Respuestas

Aquí puedes verificar todas tus respuestas.
¡Pero sin hacer trampa!

Mapa del mundo

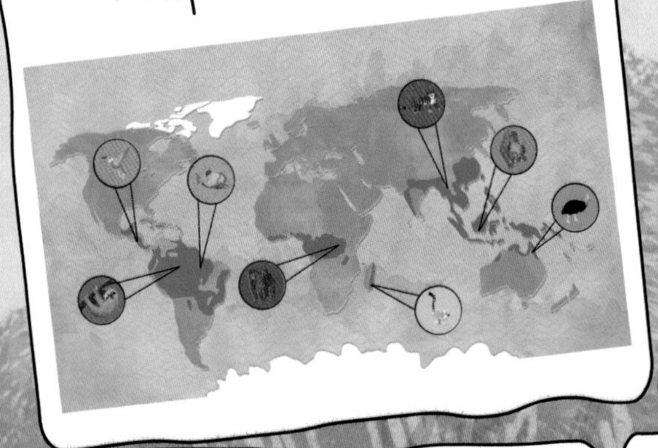

Madagascar

Serpientes escurridizas

¡Hay ocho serpientes!

Haz pares

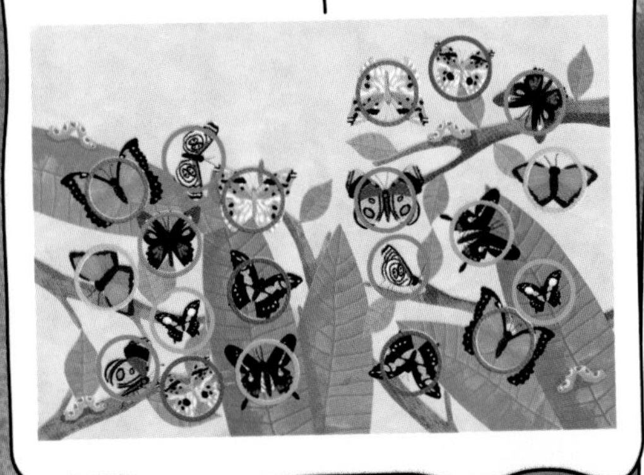

Encuentra las diferencias

Cruza el río

Marco lleva al chango del otro lado del río y lo deja ahí. Regresa y se lleva la bolsa de golosinas, de regreso lleva al mono con él. Luego lleva a Amelia del otro lado y la deja ahí. Finalmente regresa por el mono. Ahora todos están a salvo del otro lado del río.

Caminata nocturna

- Lechucita tropical
- Tapir
- Rana verde de ojos rojos
- Ocelote
- Armadillo
- Tarántula

Laberinto de termitas

Los más mortales

1. C
2. D
3. B
4. F
5. H
6. A
7. E
8. G

Une los puntos

¡Un perezoso!

Sopa de letras

A U Z L E E N A C A M A W A
O D H P I N A Ñ A R I P R E
M R J T F M T X O N A C O I
A O V O S N U Q M T Y W U F
S Y M T T J L E M U R A E C
A I A A U T H O S L W X F O
D N W M C E O S O Z E R E P
N A H E A A U W T I C K X C
O C T P N C W S P R U R T C
C E O R A G A C S A Q C H X
A L X O N A R U Y R O C G
N P I R A B V W G O P Y S
A E N A T U G N A R O T X
C F L N C G V U H P K E T

Calcomanías para vestir a Marco y a Amelia

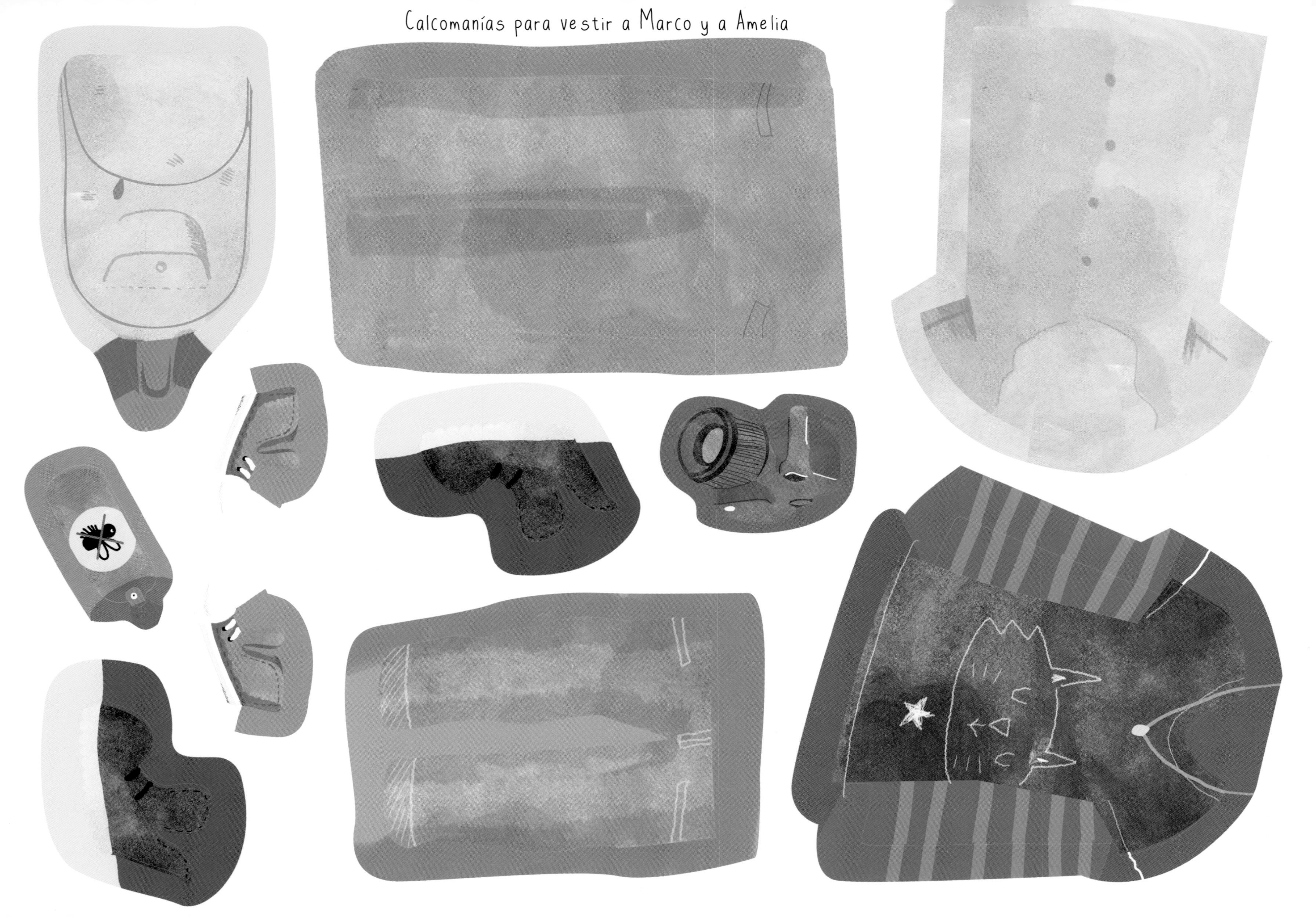

Calcomanías para el mapa del mundo
Calcomanías para los gorilas de las montañas

Calcomanías para el dosel arbóreo

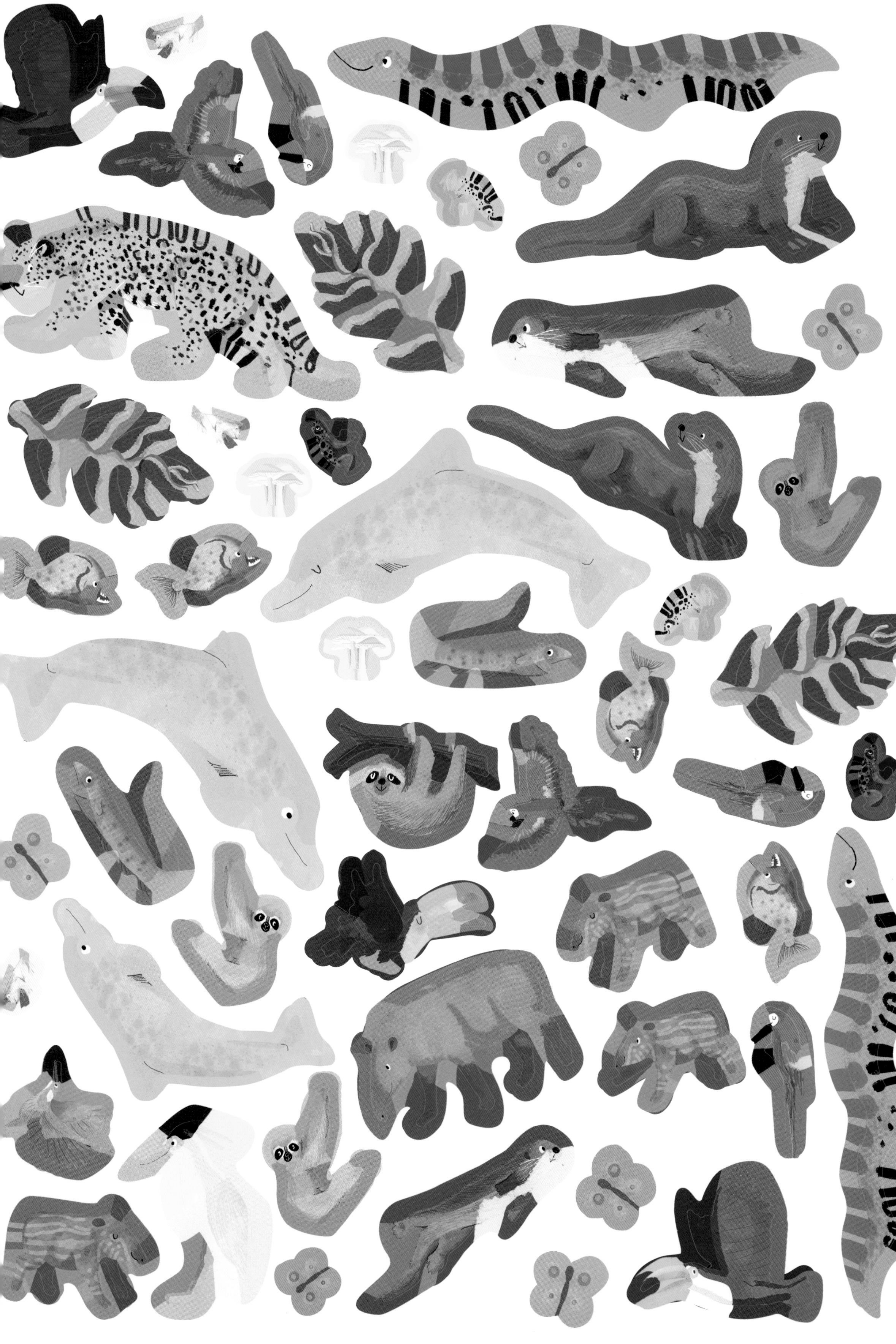

Calcomanías para el viaje por el río Amazonas

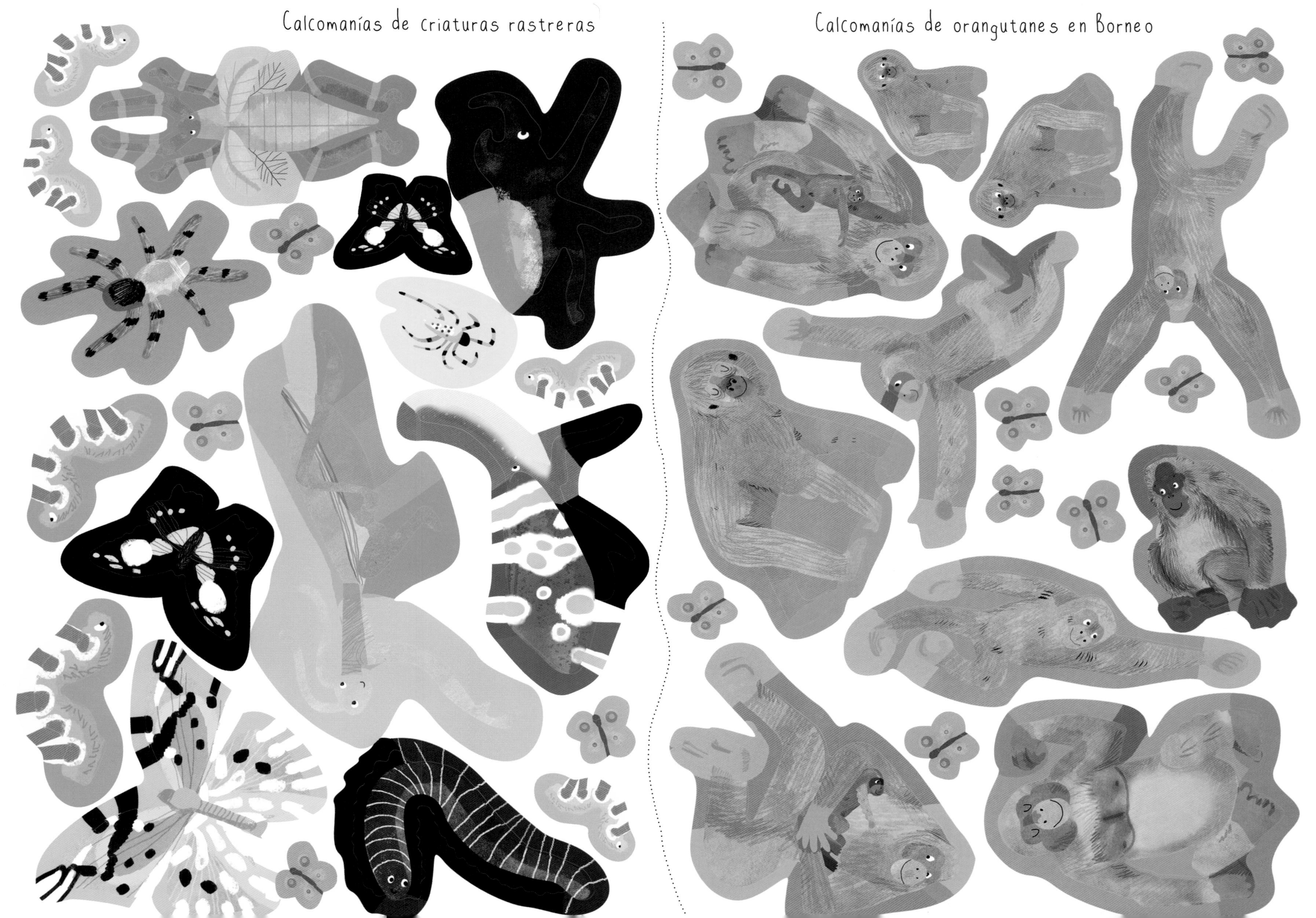
Calcomanías de criaturas rastreras
Calcomanías de orangutanes en Borneo

Calcomanías para la selva Daintree
Calcomanías para el campamento